ESQUISSE HISTORIQUE

DU

PLAIN-CHANT

PAR

DE CRAY

NIMES

IMPRIMERIE TYPOGRAPHIQUE LAFARE ET ATTENOUX

PLACE DE LA COURONNE

—

1866

ESQUISSE HISTORIQUE

DU PLAIN-CHANT

ESQUISSE HISTORIQUE

DU

PLAIN-CHANT

PAR

DE CRAY

NIMES

IMPRIMERIE TYPOGRAPHIQUE LAFARE ET ATTENOUX

PLACE DE LA COURONNE

—

1866

A MONSEIGNEUR PLANTIER

ÉVÊQUE DE NIMES

Une dédicace pour un si petit Opuscule, serait chose prétentieuse; vous me permettrez, Monseigneur, de vous l'offrir sans préambule, comme une bien faible expression de l'admiration que m'inspire Votre Grandeur, et aussi comme un témoignage de mon affection toute filiale.

DU PLAIN-CHANT

I

D'après le récit des voyageurs qui se sont aventurés dans les déserts, rien n'est désolant comme la vue de ces mers de sable, dont l'horizon semble toujours dérober le terme ; et cependant, ces contrées déshéritées sont traversées par de nombreuses caravanes, auxquelles il ne reste plus que le souvenir des épreuves passées. Dans le domaine des sciences et des arts, les horizons s'éloignent à mesure que l'on avance, et l'homme n'en saurait jamais toucher le terme, trop heureux s'il peut laisser quelques traces de son passage à travers l'espace qu'il lui a été donné de parcourir. Ces réflexions sont provoquées par les recherches à peu près stériles que j'ai faites pendant plusieurs années au sujet de la musique religieuse.

C'est vous dire que je ne viens point envahir votre intéressant recueil périodique, et me mettre à l'aise pour disserter sur la musique hébraïque, citer le nom des chefs d'orchestre chargés de diriger les masses chorales dans le temple, ou faire la description

de leurs instruments; non, je ne ferai pas même exception en faveur de celui dont le roi-prophète se servait pour s'accompagner,
lorsqu'il chantait ses magnifiques poésies dont l'Eglise ne cesse
de répéter tous les jours les sublimes accents. Abstraction faite de
tout ce qui se rattache à l'Ancien Testament, je reste confondu
devant l'immensité de ma tâche. Mais le photographe, au moyen
de son appareil, sait bien rapetisser les plus hautes montagnes,
et les faire rentrer dans un cadre restreint; n'ayant pas le génie
du peintre, j'ambitionne le modeste talent du photographe, et je
vais essayer de reproduire en raccourci mes longues et minutieu-
ses recherches.

C'est à Notre Seigneur Jésus-Christ, qu'il faut rapporter l'ad-
mission du chant dans le culte chrétien. « *Et hymno dicto exie-*
» runt in montem olivarum [1]. » Cette hymne ne constitue pas
seulement la récitation d'une prière, mais c'est une prière chantée, c'est un cantique d'action de grâces. Notre Seigneur ne se
contente pas de donner l'exemple, il instruit (et commande) ses
Apôtres de la nécessité de cette pratique, qui doit être en usage
dans l'église universelle.

« Le moment solennel approchait où le fils de Dieu, allait
accomplir son sacrifice, dit le savant docteur allemand Sepp,
dans sa *Vie de N.-S. J.-C.* Jésus donc, après avoir achevé cette divine prière, entonna le chant de louanges. C'était le grand *Alle-*
luia de la délivrance, que l'on chantait au festin pascal ; car en
cette mémorable journée tout est prophétique, typique et mysté-
rieux : aussi les Evangélistes nous en donnent le détail, minute par
minute. Ce cantique de louanges se chantait à toutes les grandes
fêtes, comme à la Pentecôte, et particulièrement à celle des taber-
nacles ; et il comprenait les six psaumes joyeux dont le premier

[1] Saint Matth. xxvi, 30.

commençait par ces paroles du psaume 114 : « Non à nous, Sei-
» gneur, non à nous, mais à votre nom donnez la gloire afin que
» les peuples ne disent pas : où est leur Dieu, » et dont le dernier finissait par ces paroles : « Béni soit celui qui vient. » Après
quoi l'assemblée répondait : « Au nom du Seigneur. » Les deux
premiers psaumes se chantaient avant que l'on bût le vin de la
bénédiction, c'est-à-dire entre la seconde et la troisième coupe
du festin pascal. Lorsque les Juifs récitaient ces psaumes, le plus
ancien prononçait chaque verset ; après lequel tous les autres ré-
pondaient : *Alleluia.* Nous trouvons en quelque sorte dans cet
usage l'origine des litanies chrétiennes [1]. »

La Pentecôte est une fête célébrée dans le monde depuis
3150 ans. Ce fait est aussi constant que l'existence des Pyra-
mides d'Egypte, et cette institution, née chez le plus petit peuple de l'antiquité, couvre de nos jours la surface du globe ; elle
voit même s'augmenter chaque jour le nombre de ses observateurs,
tandis que bien des pierres sont déjà tombées et tombent tous les
jours du faîte de ces monuments orgueilleux. On a donc chanté dès
le berceau de l'Eglise chrétienne les louanges du divin Fondateur,
la gloire des Apôtres et celle des Martyrs. Les catacombes re-
tentissaient de chants d'allégresse, d'hymnes pieuses qui exaltaient
la foi des néophytes, et leur donnaient la force de braver la per-
sécution ; il appartenait à la religion de l'amour d'employer la
langue par excellence du sentiment, et de faire du chant public
une des bases de son culte.

Pendant les deux premiers siècles, le culte catholique vit
s'élaborer peu à peu les diverses parties de l'office divin ; on
n'attendit pas même que les formes liturgiques fussent entièrement arrêtées pour introduire le chant. Saint Paul, s'adressant

[1] Page 123, 2me vol. de la *Vie de N.-S. J.-C.*

aux Ephésiens, en l'an 61, leur disait : « vous entretenant, de
» psaumes, d'hymnes et cantiques spirituels, et chantant au Sei-
» gneur ces cantiques et ces psaumes du fond de vos cœurs. »

Pline le jeune, écrivant à l'empereur Trajan, lui annonce que
les Chrétiens avaient la coutume de se réunir avant le lever du
soleil, à un jour fixé, et de chanter alternativement des poèmes
en l'honneur de leur Christ, comme en l'honneur d'un dieu.
Philon, écrivain juif, qui vivait au commencement du 1er siècle
de notre ère, dit que les Chrétiens de son pays passaient les jours
et les nuits à chanter des psaumes et des hymnes.

Le chant hébraïque des psaumes a été conservé par l'Eglise
jusqu'au vme siècle dans toute son intégrité. Saint Léon, ce fidèle
organe des traditions primitives, le déclare formellement [1], et
l'on sait que Paul de Samosate fut condamné dans le second Concile d'Antioche, l'an 270, pour avoir banni cet ancien chant de
l'Eglise dont il était chef, et lui en avoir substitué un autre [2].
Un livre de nouvelle psalmodie composé par le fameux hérésiar-
que Arius, fut proscrit de même par le premier Concile œcumé-
nique de Nicée. Ainsi les réformateurs du xvime siècle, n'ont fait
qu'imiter ces anciens hérétiques, en composant de nouveaux
chants des psaumes actuellement en usage parmi leurs adhérents.

Saint Jean-Chrysostôme sur le même sujet s'exprime ainsi :
« Le psaume que nous avons chanté a réuni toutes les voix en
» une seule, et le cantique s'est levé harmonieusement à l'unis-
» son. Jeunes et vieux, riches et pauvres, femmes et hommes, es-
» claves et citoyens, tous n'avons formé qu'une seule mélodie. »
C'est que le chant collectif est éminemment propre à conserver
dans le temple l'égalité des hommes devant Dieu. Il exerce sur

[1] Oper. édit. Roma, tome I, page 266.
[2] Gerbert de Cantu, tome I, page 70.

le riche et le pauvre, l'homme le plus civilisé et le paysan le plus simple, les mêmes effets. Pourquoi? parce qu'il rappelle cette égalité des âmes rachetées par le Christ.

Ces témoignages nous prouvent que le chant à l'unisson était alors répandu dans les églises; il est à croire cependant, que dès cette époque, il s'était glissé de la part du peuple quelques abus dans l'exécution du chant ecclésiastique, puisque le Concile de Laodicée, tenu en 364, semble le lui interdire et ne le permettre qu'aux psalmistes qui avaient droit de monter à l'ambon ; mais peut-être ne s'agissait-il, dans cette mesure, comme plusieurs l'ont pensé, que d'une partie du chant plus difficile, ou réservé à raison de son importance liturgique, à des clercs établis pour cela. A cette même époque, le pape Sylvestre Ier introduisit le chant grec du *Kyrie eleison*, et saint Jérôme le chant hébraïque de l'*Alleluia*, dans l'église latine. Pendant un certain laps de temps le chant des hymnes et des psaumes, resta donc confié aux clers ; les fidèles ne pouvant y participer, chantaient cependant, comme répons, *Kyrie eleison*, « Seigneur, ayez piété de nous », et cela pendant toute la durée de l'office; cette invocation uniforme prit le nom de kyrielle. Cette expression placée dans nos dictionnaires français, peut revendiquer la priorité sur toutes les autres, si l'on a égard à l'ordre chronologique.

II

DANS le VIme siècle, saint Ambroise écrivant à sa sœur sainte Marceline, lui apprend qu'il vient de régler la tonalité et le mode d'exécution des psaumes et des cantiques, en les divisant en quatre tons; « selon la tradition, ils correspondraient aux 4me, 5me, 6me et 7me. Généralement l'on attribue à ce grand évêque le *Te Deum,* cette belle inspiration poétique et religieuse, pour laquelle les combinaisons si simples du chant constituent un vrai chef-d'œuvre. « Il existe, nous dit M. de Châteaubriand, dans » son *Génie du Christianisme,* une certaine analogie de ce chant, » et celui de la préface et du *Pater*, pour lesquels on ne peut pro- » duire aucun document précis sur leur origine. Nous ne pouvons » admettre l'opinion de quelques écrivains modernes qui n'y voient » qu'un prologue de la tragédie grecque, et dans les autres chants » de la même nature que des neumes grecs appliqués au texte » liturgique. » Comment supposer qu'après avoir fait prononcer aux Chrétiens le serment d'exécrer les idoles, on leur fît chanter les mêmes airs qui servaient à célébrer les faux dieux ? Ce serait réduire à bien peu de choses le mérite attribué par la tradition aux Denys, Léon, Gélase et Ambroise ; ce serait prêter gratuite- ment à ces grands maîtres le rôle de simples plagiaires.

Ce fut par exception et par tolérance, que saint Ambroise permit dans son église, à un certain nombre d'assistants, de prendre part aux chants des hymnes. Or les hymnes, comme plus tard les séquences ou proses, étaient des chants populaires, et non des parties intégrantes de la liturgie. Le plain-chant pro- prement dit, ne devait être entonné à l'ambon que par le pré- chantre *præcentor,* lequel avait le droit de s'adjoindre un sous- chantre *succentor,* et même un suppléant *concentor.* C'est encore à peu près, nous dit le savant M. de Lafage, ce qui se pratique dans le rit grec et arménien.

Pendant plusieurs siècles, l'Eglise gallicane eut sa liturgie spéciale ; le recueil d'hymnes et de chants composés par saint Hilaire, évêque de Poitiers, contemporain de saint Ambroise, y fut particulièrement en honneur, ainsi que ceux de saint Cézaire, évêque d'Arles [1].

---

[1] Dom Mabillon dans sa *Liturgie de la Gaule.*

A côté de saint Ambroise, vient se poser la grande figure de son ami l'évêque d'Hypone, dont les œuvres philosophiques, théologiques etc., sont journellement commentées et citées. «Je me » souviens, dit saint Augustin, de ce qu'on m'a raconté souvent » d'Athanase, évêque d'Alexandrie, qu'il prescrivait des inflexions » de voix si modestes dans la psalmodie, qu'elle était plutôt une » prononciation harmonieuse qu'un chant proprement dit. » Parmi les ouvrages de ce grand docteur se trouve un Traité *de musica,* en six livres et en forme de dialogue. Ce serait inutilement qu'on y chercherait des renseignements positifs sur la musique de cette époque ; les questions ayant rapport au rythme et au mètre y sont seules exposées et développées.

Les expressions de mélodie, de rythme et d'harmonie, devant être souvent employées, au lieu d'en donner les définitions hérissées de termes techniques, je cherche à m'appuyer seulement sur des exemples ; trop heureux si par ce moyen j'atteins mon but, et arrive à me faire comprendre par ceux mêmes qui ne possèdent aucune notion de musique. La mélodie, par exemple, serait un cantique chanté à l'unisson, ce même cantique chanté par deux ou plusieurs voix ne faisant pas les mêmes parties, constitue l'harmonie; le mouvement plus ou moins rapide et plus ou moins accentué du chant, constitue le rythme. La mélodie peut être faite avec une seule voix, contrairement à l'harmonie qui est une convenance de deux ou plusieurs sons qui se font entendre ensemble. Autre exemple : dans la revue d'un régiment au moment du défilé, les tambours sont le rythme ; ne produisant qu'un son uniforme, ils ne sauraient jamais donner autre chose; la musique jouant un air de marche constitue la mélodie, et les instruments en cuivre accompagnant cet air sont l'harmonie. Si les cuivres font la partie mélodique, les autres instruments exécutent la partie harmonique; le rythme est à la musique ce qu'est le mètre à la versification.

Dans l'*Histoire de l'harmonie au moyen-âge*, de **M. Vitet**, membre de l'Académie française, je trouve une page qui résume parfaitement toutes les questions que ne sauraient contenir les méthodes soi-disant complètes de nos professeurs de musique; je la transcris ; elle donne l'explication claire et concise de certaines expressions qui nous occupent. « Il ne faut pas croire, en effet, que, pour être d'un degré plus précise et plus rigoureuse que le rythme, la mesure lui soit supérieure, loin de là ; s'il y avait hiérarchie, la supériorité serait du côté du rythme; de même qu'entre la mélodie et l'harmonie, c'est à la mélodie qu'appartient le premier rang ; la raison en est simple : la mélodie existe par elle-même, elle vit de sa vie propre, elle peut se passer de l'harmonie, qui n'est pour elle qu'un complément. Sans le secours du moindre accord, la mélodie peut plaire à l'oreille et parler à l'esprit; que peut au contraire l'harmonie, si la mélodie l'abandonne? Quels sons ont par eux-mêmes des accords dépouillés de chant? Pour l'esprit ce n'est qu'un grimoire, pour l'oreille une fatigue ! L'harmonie, dans la langue des sons, n'est donc que la seconde puissance; la mélodie est la première. Eh bien! entre le rythme et la mesure, la distance n'est pas moins grande. Le rythme aussi peut se passer de la mesure, ou pour mieux dire, il peut la suppléer, témoin la musique antique, témoin notre récitatif, et avant tout le plain-chant; tandis que la mesure ne peut se passer du rythme; il lui faut son concours et, sans qu'on s'en aperçoive, elle lui est subordonnée comme la matière est soumise à l'esprit. La mesure, avec son mouvement mécanique et fatal serait une insipide entrave et frapperait de mort toute espèce de musique, si le rythme n'était là, comme la pensée vivante de l'auteur pour corriger ce qu'a d'excessif, en pratique, une division trop parfaitement égale de la durée. Est-il même un seul morceau, même d'harmonie, dont l'audition fut supportable, s'il était exécuté littéralement én mesure, au seul commandement du chronomètre ? La mélodie, même la plus simple, peut-elle suivre d'un bout à l'autre un mouvement normal et continu ? Ne faut-il pas que çà et là, ce mouvement subisse certaines altérations passagères que le sentiment commande, et qui, tantôt sont indiquées par le compositeur, tantôt laissées au libre arbitre et à l'inspiration de l'exécutant ? L'obéissance à la mesure abstraite et absolue n'étant pas praticable, on est contraint de transiger ; au lieu d'une machine à battre la mesure, on prend un homme, un chef d'orchestre. Ce chef d'orchestre n'est autre chose que le rythme personnifié ; le rythme esprit de la musique, qui domine et gouverne la mesure, la presse ou la retient quand il faut, et parfois même la suspend et la brise. »

III

Voici le grand réformateur du chant, saint Grégoire-le-Grand ; son *Antiphonaire* représente pour nous, non l'ouvrage d'un seul homme, mais celui d'un grand nombre de saints Pontifes, et le fruit des siècles précédents, car saint Grégoire s'est moins appliqué à composer lui-même, qu'à réunir et mettre en ordre les anciens chefs-d'œuvre de l'art chrétien ; ce qui fait donner à son *Antiphonaire*, le nom de *centon*, ou compilation. Il a pu perfectionner l'œuvre des Damase, de Gélase et de ses autres prédécesseurs ; mais il n'a pas changé, altéré cette musique vraiment religieuse, usitée avant lui. Il ne s'occupa pas seulement de rythme, comme avait fait saint Ambroise, mais il s'attacha à former un chant égal, soutenu et grave. Ce chant fut appelé *plane* ou *ferme*, à cause de son expression ; chant *choral*, à cause de sa destination dans le sanctuaire; chant *grégorien*, à cause de son auteur; et enfin chant *romain*, parce que cette église s'en fit l'institutrice, et que ce fut elle seule, souveraine et maîtresse, qui le propagea dans tout l'Occident.

C'est à saint Grégoire qu'appartient la classification des huit modes; les 1er, 3e, 5e et 7e, furent appelés authentiques, et à une quarte au-dessous furent placés les tons plagaux, soit : les 2e, 4e, 6e et 8e, ils sont toujours restés désignés sous des noms grecs. L'Eglise nous a conservé cette tonalité, et elle est universellement acceptée. Quelqu'imposante que soit l'autorité des musiciens qui reconnaissent dans la tonalité ecclésisatique, les uns douze, les autres quatorze modes, nous ne pouvons nous résoudre à modifier la théorie des huit modes grégoriens:

1° Parce que, comme le remarque très-bien M. Danjou, fort érudit sur ce sujet, cette théorie a été constamment suivie par tous les maitres du moyen-âge, et que, pour bien se pénétrer de leur esprit; il importe de se familiariser d'abord avec leur langage, et d'entrer dans l'ordre général d'idées sur lequel roule tout leur enseignement ;

2° Cette théorie bien comprise, bien expliquée, suffit pour atteindre le but que se proposent les partisans des nouveaux systèmes; c'est la réflexion que faisait déjà Charlemagne pour terminer la discussion qui s'était élevée de son temps sur le même sujet : *Octo mihi videntur sufficere.*

En effet, ce but c'est de classer régulièrement certaines pièces de l'*Antiphonaire*, dont les modes n'offrent pas une identité parfaite avec les 8 modes de saint Grégoire; or, comme ces modes, sans être absolument les mêmes que les anciens, ont avec eux des rapports frappants d'affinité, on peut facilement les ramener à ceux-ci et déterminer par conséquent la classification des pièces qui en dépendent, sans sortir des limites fixées par les vieux maîtres. Ce serait une erreur que de croire que par cela seul qu'on adopte le chant grégorien, l'on ait la clef du système de notation, et que l'on exécute au XIXme siècle, le plain-chant comme dans le VIIme. M. Fétis, dont l'autorité sur ces matières est justement acquise, dit : « la plupart des mélodies en usage » dans l'Église, ont été composées dans des temps postérieurs, » et du chant grégorien il ne reste plus que la tonalité ; la pro- » sodie et le rythme paraissent avoir disparu de la langue latine » chantée au temps de saint Grégoire; on croit qu'il acheva de » l'effacer, et que dans son *Antiphonaire*, toutes les syllabes étaient » notées à temps égaux; le chant à notes égales s'est conservé » chez les Bernardins et chez les Chartreux jusqu'à la fin du » XVIIIme siècle. » Ce jugement est par trop rigoureux; voici les circonstances atténuantes : « A l'époque où saint Grégoire *cen-* » *tonisa* son *Antiphonaire*, dit M. d'Ortigues dans ses études » sur le plain-chant, les règles de l'accent étaient tellement obli- » térées par suite de l'invasion des barbares, qu'il fut impossi- » ble à cet illustre pontife d'y ramener le texte des chants litur- » giques. »

L'arrêt de M. Fétis et les circonstances atténuantes invoquées par M. d'Ortigues, ont été mis à néant par M. l'abbé Petit, su- périeur du Séminaire de Verdun, auteur d'une savante disserta- tion sur la psalmodie dans ses rapports avec l'accentuation latine, ouvrage édité à Paris, à la librairie archéologique de Didron. Saint Grégoire-le-Grand a composé plusieurs hymnes parmi les- quelles on remarque *Lucis creator optime*. D'après son *Antipho- naire*, on chantait l'*Alleluia* toute l'année; cette coutume fut ré- formée dans le XIme siècle, par le pape Alexandre II qui supprima ce chant depuis la Septuagésime jusqu'au Graduel de la messe du samedi-saint. Le chant de l'*Alleluia* doit être orné, « le compo- » siteur doit cependant éviter d'être trop long, il imiterait dans ce

» cas les Qobtes, tribu de l'Egypte centrale, qui emploient 14 mi-
» nutes à chanter ce mot [1]. »

S'il vous était donné de feuilleter dans les bibliothèques un précieux manuscrit sur parchemin, traitant de la musique, vous trouveriez les paroles surmontées d'une foule de signes en forme de points, de virgules, de traits couchés ou horizontaux, des crohets diversements contournés qui courent au-dessus des mots, montant et descendant avec mille bizarreries et irrégularités. Or ces figures sont des *neumes*, c'est-à-dire des notes musicales. Neumer veut dire noter ; saint Grégoire *neumatisa* son *Antiphonaire*. On comprend les difficultés sans nombre que les copistes et les chantres devaient rencontrer, les uns dans la transcription de ces signes, les autres dans l'obligation où ils étaient de saisir les intonations.

IV

SAINT Isidore, archevêque de Séville, a fait un ouvrage sur la musique, intitulé *Sententiœ de musica ;* il est compris dans la remarquable collection des *Scriptores ecclesiastici de musica sacra* de M. l'abbé Gerbert. Dans ce travail, il est fait mention pour la première fois, de la symphonie ou harmonie des consonnances, et de la diaphonie, c'est-à-dire de l'harmonie dissonante. Saint Isidore fut le contemporain de saint Grégoire-le-Grand, qui eut recours à ses conseils. Les suites harmoniques de quinte et d'octave et leurs redoublements, sont des intervalles tellement parfaits, qu'ils ne semblent former qu'un son avec celui qui les engendre. Dès lors, si la quinte et l'octave ne forment qu'un son,

---

[1] Villoteau. — *Etat actuel de l'art musical de l'Egypte.*

pourquoi n'emploierait-on pas de longues suites de ces intervalles
par mouvement direct? Telle est l'origine de la symphonie.
Mais la symphonie n'admettait pas de variété, et l'oreille hu-
maine en est avide. De là l'emploi de la diaphonie, c'est-à-dire
de deux chants simultanés, où les parties font entendre des dissonances combinées avec les intervalles parfaits de quinte,
d'octave ou de leurs redoublements. La musique de la première
pythique de Pindare, découverte par le R. P. Kircher et traduite
avec tant de bonheur par M. Vincent, membre de l'Institut, est
sous ce rapport un monument dont on ne saurait trop apprécier
l'importance; il met un terme à toutes les discussions soulevées
jusqu'à nos jours, sur l'emploi de l'harmonie proprement dite
chez les anciens Hellènes.

La symphonie et la diaphonie furent un héritage pour
les premiers Chrétiens occidentaux ; c'est ce que nous apprend saint Isidore de Séville. On a cru longtemps que par les
mots *consonnances* et *dissonances*, saint Isidore n'avait en vue
que des successions purement mélodiques, et non des intervalles
dont les deux termes sont entendus simultanément : le doute
n'est plus permis aujourd'hui sur le sens qu'il faut donner aux
définitions de l'Evêque de Séville. Les consonnances et les dissonances dont il parle étaient de vrais éléments harmoniques ;
les sons qui composaient ces éléments ne s'écrivaient point les
uns à la suite des autres, mais bien les uns au-dessus des autres.
L'idée de *simultanéité* résulte évidemment de ce simple détail four-
ni par saint Isidore [1]. L'emploi des rudiments harmoniques était
donc admis dans les mélodies grégoriennes, puisque des chanteurs romains, qui étaient de zélés propagateurs des doctrines de
l'illustre Pontife, apprirent aux Français du viiime siècle l'art
de diaphoniser les cantilènes liturgiques.

[1] Voir Gerbert. —*Scriptores,* tom. I, page 25.

L'emploi de l'orgue dans les cérémonies du culte fut consacré dans le viime siècle (660), par un décret du pape Vitalien. Le premier orgue qui parut en France, fut envoyé à Pépin, père de Charlemagne, en 757, par Constantin Copronyme, empereur d'Orient ; cet instrument fut placé dans l'église de Sainte-Corneille, à Compiègne. Ce présent fut agréable au monarque français, car il avait un goût prononcé pour la musique. Afin de mieux faire comprendre l'importance de l'œuvre d'art qu'il offrait, Copronyme envoya également à Paris un artiste habile sur cet instrument. L'emploi de l'orgue fut d'une très-haute importance pour le progrès de la science de l'harmonie; c'est à l'époque de son introduction dans les églises de France, que le chant grégorien fut heureusement interprété.

V

L E savant moine Hucbalde, naquit vers l'an 840. Je ne ferai pas l'inventaire des ouvrages sortis de sa plume, ils ont été publiés dans les *Annales de l'ordre de Saint-Benoît*, de Mabillon, dans les *Acta sanctorum*, de Bollandus etc.; c'est surtout comme musicien qu'il doit nous occuper. A cette époque, cet art était très-difficile, à cause de l'obscurité de la théorie et du mélange des échelles des modes grecs avec l'échelle monome réformée par saint Grégoire-le-Grand, mélange dont on trouve des traces dans la plupart des traités de musique antérieurs au xime siècle. Une de ses publications a pour titre, *Musica euchiriadis*. La bibliothèque impériale de Paris, contient quatre manuscrits de ce travail sous les n°s 7202, 7210, 7211 et 7212, in-folio. Il est permis à tous les visiteurs d'en prendre connaissance. Cet ouvrage est un traité complet de musique élémentaire, suivant les préceptes grecs, avec l'exposition d'une notation dont Hucbalde est l'inventeur. Au moyen de huit signes diversement inclinés ou tournés, on arrive à représenter une étendue de deux octaves et demie, mais les signes qu'on prétend destinés à indiquer l'intonation n'ont aucune valeur absolue, comme signification constante ; ils indiquent, il est vrai, l'élévation ou l'abaissement, mais l'abaissement ou l'élévation en général, non tel ou tel intervalle déterminé. A la suite de son exposé, l'auteur traite de la diaphonie qui consiste, dit-il, non en une mélodie formée par une seule voix, mais en un chant harmonieux de sons dissemblables, entendus simultanément : « *Dicta autem diaphonia quod non uniformi canore constet sed* » *concentu concorditer dissono* [1]. » Saint Isidore de Séville avait déjà, près de deux siècles auparavant, parlé de la diaphonie. En général les définitions que donne le moine Hucbalde dans ses commentaires sur la musique, sont remarquables par leur clarté, pour le temps où il écrivait. A la suite de cet ouvrage, Gerbert, a placé un petit traité de tons et du chant des psaumes, qui en est le complément nécessaire; il l'a intitulé *Comme-moratio brevis de tonis et psalmis modulandis;* cet exposé est très-curieux pour l'histoire de la musique religieuse.

M. de Caussemaker, juge au tribunal civil de Lille (Nord), paléographe émérite dans l'art musical, a écrit un mémoire sur le moine Hucbalde et ses traités de musique. Discuter l'immense valeur des ouvrages du savant religieux serait sortir des limites que nous nous sommes tracées; néanmoins, je signale une de ces excentricités : il avait offert au roi Charles-le-Chauve, un poème à la louange des chauves, intitulé : *Æglogæ de Calvis,* dont tous les vers commencent par un C. Ce morceau de poésie extrà-bizarre a été publié plusieurs fois dans les XVIme et XVII^mo siècles.

[1] Tom. Ier, p. 165.

Charlemagne introduisit dans les églises de la Gaule le chant grégorien; pour cela il demanda, vers la fin du viiime siècle, au pape Adrien, des chantres et des musiciens pour fonder la grande école de Metz; il donna une grande impulsion aux lettres et aux arts, il composa l'hymne *Veni creator,* il attira près de sa personne les hommes distingués de tous les pays, citons l'anglo-saxon Alcuin, l'irlandais Clément, les italiens Theodulfe, Leidrade, Pierre de Pise; *Eginhard* fut son secrétaire. L'université de Paris l'adopta pour patron en 1661. Il est d'usage encore dans quelques établissements d'instruction publique de fêter la Saint-Charlemagne.

Le couvent de Saint-Gall, en Suisse, possède un des manuscrits que le pape Adrien avait envoyé. Les travaux des savants sur ce monument historique de la musique ancienne sont nombreux et tous fort remarquables; nous ne saurions en citer tous les noms, la nomenclature en serait trop longue, même en ne nous occupant que des français; nous ne nommerons que le R. P. Lambillote, MM. Th. Nisard, Vincent, de l'Institut, et Vitet, de l'Académie. Sur ce manuscrit on lit : « *Liber pretiosus item graduale et absque dubio illud ipsum antiphonarium S. Gregorii magni, quod cantor Romanus ab autographo romano descripsit, et a papa in germanicum missus, in theca secum ad S. Gallium attulit.* »

« A ces commencements de preuves, dit M. Vitet, où si l'on veut, à ces présomptions, il faut ajouter l'examen du manuscrit lui-même. La vétusté et l'usure du parchemin, la grande ancienneté de la couverture, de la *theca,* formée de deux planches revêtues de plaques en ivoire sculpté, d'un travail et d'un style antérieurs de beaucoup au viiime siècle, l'absence dans ce manuscrit de tout office admis par l'Eglise postérieurement à l'époque du pape Adrien, enfin la forme et la disposition des lettres, le corps de l'écriture, tous les caractères paléographiques, en un mot, qui se rapportent le mieux aux années qui précédent le commencement du IXe siècle; voilà des raisons de supposer que c'est vraiment l'*Antiphonaire* de Romanus qui s'est conservé jusqu'à ce jour à Saint-Gall. Pour établir le contraire, il faudrait d'évidentes raisons, que jusqu'à présent personne n'a données; il est même à remarquer que tous les érudits qui, comme MM. Sonuleitner et Kiessewetter, ont vu de leurs yeux ce manuscrit, sont demeurés convaincus de son authenticité, et que ceux-là seuls l'ont mise en doute qui ne sont pas allés à Saint-Gall. »

Le R. P. Lambillote avait vingt-cinq ans lorsqu'il conçut le dessein d'entrer dans la Compagnie de Jésus; mais il n'avait pas fait d'études littéraires dans sa jeunesse; il dut les commencer à un âge où il est rare qu'on y réussisse. Toutefois, son courage et sa persévérance lui firent surmonter toutes ces difficultés; admis au noviciat, son temps d'épreuve terminé, il fut ordonné prêtre. Habile organiste, il composa une grande quantité de morceaux de musique d'église, que je ne saurais appeler religieuse pour cela; son style est sautillant et vulgaire. Dans les quatorze dernières années de sa vie, il s'anime d'un grand zèle pour le chant grégorien, il visite les principales bibliothèques de l'Europe où se trouvent des manuscrits; par ses savantes et consciencieuses recherches, il nous cite les noms des deux chantres envoyés par le Saint-Père à Charlemagne, l'un s'appelait Pierre et l'autre Romanus ou Romain; il nous dit que ce dernier tomba malade en voyage et qu'il s'arrêta au monastère de Saint-Gall. Ce savant religieux a publié à grand frais le fac-simile de l'*Antiphonaire* dont il s'agit, et les érudits peuvent ainsi, dans leur cabinet d'étude, méditer sur cet important manuscrit. En outre, il fait remarquer avec beaucoup de raison, que les traditions du chant grégorien ont été conservées depuis Charlemagne jusqu'à Gui d'Arezzo, sans interruption, par des maîtres éminents. Alcuin compta Raban au nombre de ses élèves. Celui-ci légua une partie de son savoir à Loup de Ferrières, qui eut pour disciple Hérie; Hérie forma Remy d'Auxerre, et Remy d'Auxerre eut pour continuateur son élève, Oddon de Cluny, qui se fit admirer successivement à Paris, à Tours, à Beaume et à Cluny. Cette généalogie est au moins fort rassurante pour la conservation des vrais principes du chant grégorien.

VI

D'APRÈS l'ordre chronologique, nous arrivons à Guiddo d'Arezzo, moine bénédictin, né l'an 995 et mort en 1050. Une opinion généralement accréditée, le désigne comme l'auteur des notes de la gamme moderne. Ainsi, selon la plupart des historiens, la dénomination des sons de l'exacorde, aurait été prise par ce moine, dans les premières syllabes de l'hymne de saint Jean-Baptiste, composée par Paul d'Aquilée, et dont voici les paroles :

Ut queant laxis.
*Re*sonare fibris.
*Mi*ra gestorum.
*Fa*muli tuarum.
*Sol*ve palluti.
*La*bii reatum.
Sancte joannes.

Gui d'Arezzo n'ayant pris que six de ces syllabes, comme il y a sept notes à nommer, il fallait nécessairement répéter le nom d'une d'elles. Ce ne fut qu'au xviime siècle qu'on eut l'idée, en France, d'ajouter la syllabe *si* aux six anciennes; la septième

note de l'échelle se trouvant nommée, les *muances* deviennent inu-
tiles. Cependant on les conserva longtemps encore dans les autres
pays. L'auteur de ce nouveau système de notation a rendu un
service immense à la musique profane aussi bien qu'à la musique
religieuse. Quoiqu'il n'ait eu que celle-ci en vue, il a singulièrement contribué au développement de l'autre, et, on peut le dire,
le principe de la notation a eu des résultats immenses, que
le bon religieux toscan était loin de prévoir. Cette nouvelle méthode fit grande sensation. Comme plusieurs de ses prédécesseurs, le Pape Jean XIX, qui occupait alors le Saint-Siége,
s'intéressait vivement au chant ecclésiastique. Il fit venir Gui
d'Arezzo à Rome, pour se rendre compte de son système ; celui-
ci le lui expliqua, et son procédé parut si simple, que quelques
instants après, le Saint-Père chanta lui-même couramment plusieurs morceaux d'après cette nouvelle méthode.

Antérieurement, les *neumes* se plaçaient d'abord d'une manière à peu près arbitraire, plus tard, une ligne servit de
démarcation ; la note placée sur cette ligne était celle du *medium*,
soit le *la* du diapason actuel ; les notes placées au-dessus, s'éle-
vaient comme celles placées au-dessous s'abaissaient. Gui d'A-
rezzo fit usage de quatre lignes usitées depuis dans tous les livres
liturgiques, et qu'on nomme portée ; dès lors, l'on comprend
combien il était facile, en y plaçant les notes dont il était l'inventeur, d'exécuter presque sans étude des morceaux de plain-
chant. Ces notes étaient les lettres de l'alphabet ; le mot gamme
vient de la lettre grecque *y gamma*, par laquelle Gui désigne le
sol. Selon que cette lettre était placée sur telle ou telle ligne
de la portée, la gamme était plus ou moins élevée.

Si l'on examine les traités de musique de Remi d'Auxerre,
de Reginon de Prum, d'Oddon, abbé de Cluny, on y trouve
plus ou moins de savoir, des idées plus ou moins heureuses,

mais non des méthodes d'enseignement basées sur des principes féconds en résultats.

Les instruments des Grecs et des Romains, étaient tombés dans l'oubli, parce que les Chrétiens n'avaient pas cru devoir se servir de choses dont on avait fait usage dans les cérémonies religieuses du paganisme. L'orgue ne se trouvait que dans un petit nombre d'églises, et peu de musiciens étaient capables d'en jouer, plus rares encore étaient les autres instruments dans les ixme et xme siècles, en sorte qu'il n'existait aucun autre moyen de diriger la voix et de former l'oreille des élèves de chant, que les leçons du maître, et ainsi aucune étude individuelle n'était possible. De là venait que la plupart des chantres étaient inhabiles et d'une ignorance à peu près complète concernant les principes de l'art, quoiqu'ils eussent employé beaucoup d'années à apprendre le peu qu'ils savaient. Gui d'Arezzo, par l'invention de sa méthode d'enseignement, la première qui eût été imaginée, fit cesser cet état de choses, et rendit si facile l'instruction musicale, que peu de jours suffisaient pour mettre un enfant en état d'apprendre seul le chant d'une antienne ou d'un répons; le service qu'il rendit fut donc immense, car par son enseignement, des écoles régulières de chant ecclésiastique furent instituées partout et l'instruction se répandit.

VII

LES travaux de Francon de Cologne, dans le xiime siècle, eurent pour objet la partie mélodique de la musique, ses ouvrages sur le déchant ou l'harmonie ont pour titre: *Ars cantus mensurabilis*. Il exposa dans cet ouvrage non seulement la forme des notes et des silences qui servaient à distinguer les durées respectives,

mais encore certaines règles de proportions. Il présente quatre
espèces de notes indiquant, par leur figure particulière, quatre
valeurs différentes ; ainsi la première de ces notes est appelée
double longue ; la deuxième, *longue ;* la troisième, *brève ;* et enfin
la quatrième, *semi-brève*. La dénomination spéciale de ces notes,
déterminée par leur figure représentant la valeur de chacune
d'elles, indique suffisamment leur rapport, comme durée ; il suffit
pour cela de les opposer l'une à l'autre, ainsi, il est évident que
la double longue devait durer deux fois autant que la longue,
la brève, deux fois autant que la semi-brève, etc.; or ces divers
éléments constituèrent en somme une théorie nouvelle, et il fut
le premier à indiquer le chant mesuré.

Le *tonarium*, ou *Antiphonaire* de Montpellier, datant du xime
ou du xiime siècle, a été découvert par M. Danjou, ancien organiste de la métropole à Paris, propriétaire et rédacteur du jour-
nal bien connu le *Messager du midi ;* jusqu'à sa mort, cette découverte a produit la plus grande sensation; les savants se sont
donné rendez-vous auprès de ce manuscrit que M. Th. Nisard
a merveilleusement copié; nous ne pouvons donner les diverses
opinions émises par MM. Tardif, Vitet, Caussemaker, Stephen
Morelot, le R. P. Lambillote, Joseph d'Ortigues, Burette, *Adrien
de Lafage*, Vincent de l'Institut, Félix Clément etc.; je ne cite
encore que quelques noms français. Le tournoi a été des plus
brillants; tous les combattants semblaient appartenir au moyen-
âge, par la facilité avec laquelle ils en possédaient le langage.
J'ai consulté quelques-uns de leurs ouvrages, étudié autant que
cela m'a été possible leurs appréciations, et j'en fais l'aveu, si
je suis ébloui par leur vaste érudition, leur logique arrivant à
des résultats opposés ne saurait me convaincre; jamais meilleure
application de la maxime *in dubiis libertas.*

Une des particularités de ce manuscrit, c'est qu'il est bilingue, c'est-à-dire que les signes sont placés sur deux lignes, les uns en neumes et les autres en notes boétiennes, ou *lettres;* la lecture des neumes primitifs est un problème insoluble, « un de ces problèmes, dit M. Vincent, qu'en langage algébrique on appelle indéterminés, c'est-à-dire un problème qui peut avoir une multitude de solutions diverses, par la raison que le nombre des inconnus y est supérieur à celui des donnés. » Nonobstant cette opinion, M. Danjou qui s'était beaucoup occupé de musique religieuse et avait publié, en faux-bourdon, les offices de toute l'année selon le rit parisien, crut avoir trouvé par cette découverte la solution des problèmes déclarés insolubles; son nom faisant justement autorité en cette matière. Animé d'un esprit entreprenant et actif, il donna beaucoup de publicité à cet *Antiphonaire,* et fit espérer qu'avec ce document on pourrait reconstituer le chant grégorien.

Nous avons commencé par dire que ce *tonarium* datait du XIme ou XIIme siècle; le fait est hors de doute; les savants sont unanimes pour lui assigner cette époque, mais lors de sa découverte on l'attribuait, tout comme celui de saint Gall, à saint Grégoire-le-Grand.

La double notation sur deux lignes en signes différents a été d'un grand secours, et a éclairci un peu la science si obscure des neumes. On comprend dès lors tout l'intérêt qui s'attache à ce manuscrit, dont la découverte remonte à 1847. Des commissions furent nommées pour la révision radicale, la restauration et reproduction textuelles des livres grégoriens; leurs travaux, sur lesquels il nous sera permis de revenir, ont eu des résultats intéressants pour le diocèse de Nimes.

C'est au XIIme siècle qu'on s'occupait du déchant, en latin *discantus,* ou même *biscantus,* soit : *double chant.* Le genre de musique qui commençait à se répandre sous le nom de déchant

consiste toujours en deux phrases musicales destinées à être simultanément entendues; sous ce rapport il semble, au premier
aspect, que le déchant et la diaphonie soient une seule et même
chose, puisque la diaphonie, elle aussi, comportait deux chants,
ou du moins deux parties simultanées et distinctes; mais voici
en quoi le déchant différait de la diaphonie : au lieu de marcher
note contre note, c'est-à-dire de ne pouvoir émettre, dans un
même espace de temps, que des sons égaux en nombre et en
durée, chaque partie, dans le déchant, pouvait suivre une marche inégale et indépendante : faire entendre un seul son, pendant que l'autre en émettait deux ou plusieurs; ou bien plusieurs,
pendant que l'autre en proférait un seul. De là, on le comprend,
une différence tellement essentielle, qu'elle s'est perpétuée jusqu'à nos jours ; l'harmonie, marchant note contre note, constitue ce qu'on appelle aujourd'hui le contre-point simple, tandis
que l'autre correspond à nos diverses variétés de contre-point
fleuri.

VIII

LES XIIIme, XIVme, XVme et une partie du XVIme siècle sont une
époque de décadence pour le plain-chant; c'est dans cette pério-
de qu'apparurent les poésies légères, chantées par les troubadours
trouvères et ménestrels. Les musiciens s'empressèrent de suivre
la voie que venaient de leur ouvrir les poètes. Dès ce moment la
musique reçoit deux impulsions différentes, l'une religieuse qui
se maintiendra plus ou moins dans les conditions posées par les
premiers pères de l'Eglise, et l'autre mondaine et sensuelle. Ces
deux genres opposés, et qui semblent devoir s'exclure, formeront
souvent une alliance indigne de la noblesse du plain-chant, et

le genre profane fera irruption dans le sanctuaire. Parmi ces poètes-musiciens nous citerons Adam de la Halle, qui propagea dans le XIIIme siècle, par ses ingénieuses compositions, le goût de la poésie et de la musique. Ses motets nous offrent des particularités fort regrettables, ils se composent du plain-chant d'une antienne ou d'une hymne mise à la basse avec les paroles latines, et sur laquelle une ou plusieurs autres voix font un contre-point fleuri, grossier à la vérité, mais assez varié, et ce qui peint la décadence du chant religieux, c'est que ces voix supérieures ont des paroles françaises de chansons à la mode. Cet auteur a composé un vaux-de-vire avec couplets à plusieurs voix. Cet ouvrage est très-rare ; on peut le considérer comme le premier essai d'opéra-comique.

Ce n'est pas seulement en France, que le goût des chants chevaleresques et galants se faisait remarquer; ces artistes poètes et musiciens se répandirent en Angleterre, chez les Danois et dans tout le Nord. Les ménestrels étaient considérés comme ayant une nature privilégiée, ils étaient recherchés de toutes les classes de la société ; les grands se plaisaient surtout à déployer en leur faveur toute leur munificence; l'Eglise également leur faisait bon accueil. Ce n'est pas ici le lieu de citer même un seul échantillon de leur poésie; mais l'on voudra bien peut-être lire un épisode se rattachant aux ménestrels; je le transcris d'après une vieille chronique :

« Le roy Richard, ayant eu querelle outre-mer contre le duc d'Austriche, n'osant passer par l'Allemagne en estat cogneut, encore moins par la France, pour la doute qu'il avait de Philippe-Auguste, se déguisa; mais le duc qui scavait sa venue, le fit arrêter et enfermer dans un château, où il demeura prisonnier sans que l'on sceut de longtemps où il estait, or, ce roy ayant nourri un ménestrel appelé Blondel, il pensa que ne voyant pas son

Seigneur, il lui en estoit pis, et en avait sa vie à plus grand mésaise. Et si estoit bien nouvelles qu'il estoit party d'outre-mer, mais uns ne scavait en quel pays il estoit arrivé. Et pour ce, Blondel chercha maintes contrées, scavoir s'il en pourrait ouyr nouvelles. Si advint après plusieurs jours passez, il arriva d'adventure dans une ville, assez près du chastel où son maître le roy Richard estoit, et demanda à son hôte à qui estoit ce chastel. Et l'hoste lui dit qu'il estoit au duc d'Austriche. Puis demanda s'il y avait uns prisonniers, car tousiours en enquerroit sécrètement où qu'il allast. Et son hoste lui dit qu'il y avait un prisonnier, mais il ne scavait qu'il estoit, fors qu'il y avait esté bien plus d'un an. Quand Blondel entendit cecy, il fit tant qu'il s'accointa comme ménestrels s'accointent légèrement, mais il ne put voir le roy Richard prisonnier, et commença à chanter une chanson en français, que le roy Richard et Blondel avaient une fois faiste ensemble. Quand le roy Richard entendist la chanson, il cogneut que c'estoit Blondel. Et quand Blondel ot dicte la moitié de la chanson, le roy Richard se prit à dire l'autre moitié, et l'acheva. Et ainsi sceut Blondel que c'estoit le roy son maistre, si s'en retourna en Angleterre, et aux barons du pays conta l'adventure [1]. » Ce fut donc le dévoûment du ménestrel Blondel qui prépara la délivrance du roi.

Dans le XIVme siècle, un moine de la Chartreuse de Mantoue, appelé Jean le Chartreux s'occupa avec ardeur et intelligence du chant sacré. Ses manuscrits fort remarquables et volumineux se trouvent dans la bibliothèque de Londres, sous le n° 6525. L'harmonie y est traitée à trois parties, et l'on y trouve l'emploi de la tierce avec la quinte et de la tierce avec la sixte, source naturelle de toute harmonie rationnelle. Quant à la régularité du

____

[1] Fauchet. — Paris, 1584, in-4°.

mouvement des parties entre elles, on y remarque des incorrections; n'est-il pas dans l'ordre de la nature de procéder lentement dans toutes ses productions? Le développement absolu de la science des sons ne peut être aussi que l'œuvre du temps.

IX

Les cérémonies de la messe, réglées par la liturgie des premiers temps de l'Eglise, indiquaient que les jours de grandes solennités, le diacre, devait se rendre processionnellement accompagné d'un certain nombre d'ecclésiastiques ou de clercs, du maître-autel au jubé, pour y chanter l'évangile; c'était pendant l'exécution de l'*Alleluia* et du Trait qui le suit, qu'avait lieu le déplacement du cortége. Or, ce fut particulièrement à ces pièces de plain-chant, qu'on essaya d'abord d'imprimer un mouvement que n'avaient pas les autres chants de l'office; on y introduisit de petites formules mélodiques, ayant leur repos sur les principales notes du ton; on alla même jusqu'à laisser aux caprices des chantres, ayant mission de les exécuter, de déterminer le mouvement à appliquer à ces sortes de pièces, qui furent considérées par le fait comme des marches religieuses. La disposition des périodes était calculée de manière à permettre aux chantres de prolonger ou de raccourcir le morceau sans rien lui ôter du sens qu'il devait avoir. On commença par ajouter un neume, c'est-à-dire un trait mélodique vocalisé sur une seule syllabe et établi sur les principales notes du mode; ainsi constituée, cette pièce de plain-chant fut appelée graduel, dérivé de *gradus*, degrés parce qu'il se chantait au moment où le cortége montait au jubé.

L'effet de ces compositions mouvementées, et un peu mieux

réglées dans la disposition de leurs périodes que les autres pièces de chant, produisit une grande impression. Cette innovation fixa l'attention des auteurs du plain-chant et les amena à
perfectionner ces nouvelles formes, ce qui devait les éloigner de
plus en plus du véritable chant liturgique. De là l'origine des
proses ou séquences et des hymnes, mesurées d'après un nouveau rythme et un scandé inconnu jusqu'alors dans l'Eglise.
Ainsi, la coupe métrique de la poésie latine de ces nouvelles
pièces et la disposition des chants qui y furent adaptés, quoi-
que basés sur les mêmes modes, établissent une différence des
plus sensibles entre celle-ci et les autres chants qui avaient été
seuls en usage, conformément aux réglements liturgiques, depuis
la modification introduite par saint Grégoire-le-Grand.

Cette innovation eut parmi le clergé un succès immense; chaque diocèse, chaque paroisse, chaque communauté voulut avoir
ses proses et ses hymnes particulières. Cette modification mélodique désorganisa l'unité des chants liturgiques que saint Ambroise, saint Grégoire et tous les autres pères de l'Eglise avaient
eu particulièrement en vue dans leurs travaux sur cet objet.
Constatons que le *Missel romain* n'en a conservé que quatre,
celle de Pâques, qui fut composée par Notkerus; celle de la Pentecôte, attribuée à Hermanus Contractus; celle du Saint-Sacre-
ment, due, quant au texte, à la plume savante de saint Thomas-
d'Aquin ; et enfin celle des morts, magnifique inspiration du
religieux Thomas de Célano.

Voilà donc le chant ecclésiastique se modifiant et cédant insensiblement, dans certaines parties de l'office, au mouvement
rythmique nouvellement introduit, et donnant accès à la musique
et poésie mondaines.

Pendant de longs siècles, la musique fut presque exclusivement
religieuse, de même que les autres arts étaient consacrés aux

sujets chrétiens. Alors même qu'ils avaient pour objet un usage profane, les autres arts y mêlaient la représentation de quelqu'une des idées chrétiennes; de même la musique était tout entière dans les tons grégoriens et dans les éléments du chant ecclésiastique, tant sous le rapport de l'intonation que sous celui du rythme. Nous le répétons, la scission eut lieu d'abord dans des détails peu marqués, mais ces innovations minèrent insensiblement l'édifice élevé par la tradition. Commencée au XIIIme siècle, elle finit par se produire avec éclat au XVme.

Les formes hiératiques de l'art musical disparaissaient donc pour faire place à des formes banales et propres à se prêter à tous les genres d'inspirations. Au XIVme siècle, la bulle de Jean **XXII**, *Docta sanctorum*, condamne ces innovations et accuse les compositeurs de mépriser le *Graduel* et l'*Antiphonaire*, d'adapter des chants profanes aux mélodies liturgiques et de méconnaître le véritable caractère de la musique religieuse. Enfin le Pontife proscrit des églises le chant figuré et n'admet que la diaphonie ou accords plaqués, à la condition toutefois que le chant grégorien n'en sera pas altéré, mais qu'il conservera son intégrité. En citant les termes mêmes de la bulle, l'on verra que le Chef de la chrétienté, s'adressait surtout à tous les ornements parasites de la musique plane. « Cependant notre intention, dit-il, n'est pas » d'empêcher que de temps en temps, et surtout aux grandes » fêtes, on n'emploie sur le chant ecclésiastique, dans les offices » divins, des consonnances ou accords, pourvu que le chant d'église » ou plain-chant conserve son intégrité. » Cette bulle mémorable fut alors impuissante contre les efforts de l'esprit nouveau qui enflammait les musiciens et leur faisait perdre le sens. Le scandale devint si grand, que le Concile de Trente condamna de nouveau le genre de musique qui enfantait de si grands abus, et préconisa la mélopée grégorienne; d'ailleurs, tous les Souverains-

Pontifes qui ont eu à se prononcer sur cette matière du chant ecclésiastique, ont parlé dans le même sens, tous ont reconnu que le chant grégorien était l'art hiératique par excellence.

X

L'AMATEUR de paléographie musicale peut se complaire dans la recherche des manuscrits des chants exécutés dans les églises pendant cette période de décadence. Sa curiosité sera largement satisfaite; il trouvera des messes écrites sur les airs ayant vogue à cette époque, tels que ceux de l'*Ami Baudichon à l'ombre d'un buissonet, l'Homme armé*, et autres; ce qu'il y a de déplorable, c'est que tout l'office sera chanté sur ces airs. Cela seul constitue déjà un grand scandale, et cependant, ce qui est encore plus triste, c'est que pendant que certaines voix chanteront le *Kyrie*, ainsi que les autres parties de la messe, d'autres voix chanteront en même temps, et en forme de contre-point fleuri, des paroles françaises d'un caractère léger et bouffon.

C'est parce que la musique religieuse venait de dévier de son but, qu'elle n'était plus, comme par le passé, l'expression du recueillement et de la poésie : mais si la prière ne s'élève pas dans l'intérieur du sanctuaire, elle s'élèvera extérieurement. C'est pendant ces siècles que l'art architectural a déployé toutes ses magnificences qui font aujourd'hui notre étonnement. *Lapides clamabunt!* Oui, ces gigantesques cathédrales sont des actes de foi, élevés par la piété de nos devanciers. On parle des merveilles du nouvel opéra qui se construit en ce moment dans la capitale; qu'on le mette en parallèle avec la métropole Notre-Dame-de-Paris, et sous le rapport de l'art, on trouvera les mêmes proportions que sous celui de leur objet, soit la différence du bien au mal. M. Victor de Laprade, membre de l'Académie française, dans sa *Philosophie de la musique,* pose les questions suivantes : « Faut-il augurer aussi bien de la raison et des mœurs sous le sceptre de la musique ? Dans le palais qu'on lui bâtit germera-t-il de bien hautes idées ? Ce temple si magnifique rendra-t-il des oracles et des conseils bien salutaires ? Dans tous les cas, les sommes immenses que l'on consacre au nouvel opéra prouvent l'importance attachée à l'art dont il sera le sanctuaire. Un peuple ne fait d'aussi monstrueuses dépenses que pour le besoin de sa religion. C'est en effet une religion, c'est le culte aujourd'hui prépondérant qu'un théâtre-lyrique est appelé à desservir ; il faut édifier à tout prix un temple à la divinité nouvelle, un lieu de dévotion pour ces pèlerins de la volupté qui affluent dans Paris, des quatre points du monde. Ce monument dont la France avait un si pressant besoin, c'est la Cathédrale du Matérialisme. »

« Ce serait téméraire que de prétendre aujourd'hui ressusciter la primitive tonalité du chant ecclésiastique, les atteintes qu'elle a subies, les concessions qu'elle a faites, les tempéraments qui s'y sont introduits, n'en peuvent plus disparaître, nous le reconnaissons, dit M. Vitet ; mais le peu qui reste encore de ses caractères natifs, ces dernières aspérités que le frottement des siècles n'a pas tout à fait effacées, n'en pouvons-nous rien sauver ? Faut-il laisser tout aplanir et tout mettre à néant ? Non certes, pour vivre il faut que le plain-chant se redresse, qu'il accuse nettement les traits qui le distinguent et le singularisent ; c'est, à savoir, son fond mélodique d'une part, et de l'autre ses particularités tonales. S'il arrive que nos oreilles soient de temps en temps étonnées et même un peu effarouchées, ne vous en plaignez pas ; ces effets insolites, cette étrangeté, c'est justement ce qu'il faut conserver, il est

bon que la messe soit autrement chantée que l'opéra. » A l'ou-
verture de chaque séance, où les commissions spéciales discutent
ce qu'il convient le mieux au plain-chant, il devrait être fait lecture des avis ci-dessus.

L'histoire du déchant est le principal épisode, et, pour ainsi
dire, le fond de l'histoire de l'harmonie au moyen-âge. Le contre-point du xvme siècle, n'est autre que le déchant du xiime, avec
quelques développements de plus ; il n'y a de changé que le mot.
Le moyen-âge musical, loin de finir plus tôt que le moyen-âge lit-
téraire, dure au contraire près de cent ans de plus ; musicale-
ment parlant, le xvime siècle tout entier appartient au moyen-âge.
Cet esprit de nouveauté qui anime alors le monde, ce besoin de
changement qui éclate dans tous les autres arts, on n'en voit pas,
dans la musique, une seule étincelle. Les idées, les abus, les habitudes qui s'y sont établis depuis deux ou trois siècles, se perpétuent
paisiblement. C'est toujours le même luxe de tours de force et
de subtilités, toujours les mêmes jeux de notes disposées en zig-
zag, en losanges, en lignes serpentantes et contrariées, musique
composée bien plus pour les yeux que pour les oreilles. Cette
scholastique musicale, en germe dès le xiime siècle, se développe
au xiiime, s'amplifie avec le xivme et le xvme, et ne fait que re-
doubler au xvime. Pas d'autres nouveautés, que quelques raffine-
ments de plus, résultant de l'emploi du contre-point double,
c'est-à-dire des canons et des imitations, et un goût toujours
croissant de ces profanations de l'art et du bon sens, connues sous
le nom de *musique farcie* et dont les motets ou déchants à *paroles différentes*, c'est-à-dire moitié sacrées moitié profanes, avaient
donné le scandaleux exemple.

Si le sentiment religieux fait souvent défaut dans les compositions des artistes de cette époque, il ne serait néanmoins pas juste
de passer leurs noms sous silence ; ils ont travaillé pour l'Eglise, et

leurs intentions ont été bonnes; ils ont seulement subi les fâcheuses influences des temps où ils ont vécu. Tels furent Guillaume Dufay, le vieux Okeghem, qui fut chapelain de quatre rois de France, Charles VII, Louis XI, Charles VIII et Louis XII. Ce maître, nous disent les chroniques, est celui qui dans la seconde moitié du xvme siècle, exerça la plus grande influence sur le perfectionnement de l'art, par son enseignement. Les plus célèbres musiciens de cette époque et du commencement du xvime siècle furent ses élèves; leurs noms ont été transmis par deux complaintes sur la mort du maître, dont la première a été mise en musique par Crespel, et l'autre par Jasquin Deprès. Goudimel, dans la première moitié du xvime siècle, fut aussi un compositeur dont les œuvres étaient assez estimées. Un de ses meilleurs ouvrages, à cause du mérite rythmique, et peut-être le moins connu, est le *Recueil des odes d'Horace,* à 4 parties, édité en 1555, à Paris, chez Nicolas Duchemin. Ses compositions pour l'Eglise sont en partie dans la chapelle du Vatican et chez les PP. de l'Oratoire, mais sa plus grande gloire est d'avoir eu le célèbre Palestrina pour élève. Orland de Lassus s'appelait aussi Roland de Latre; voici ce que dit un manuscrit de Vinchant, qui se trouve dans la bibliothèque de Mons, à l'occasion de ce changement de nom. « Il fust né en la rue dicte Gerlande, à l'issue de la maison

» portant l'enseigne de la Noire-Teste ; il fust enfant de chœur à

» l'église Saint-Nicolas, de la rue de Havrecq; après que son père

» fust par sentence judicielle contraint de porter en son col un

» pendant de fausses monnoies, et avec iceluy faire trois pour-

» maines (promenades) publiquement à l'entour d'un hour (écha-

» faud) dressé pour avoir été convaincu d'estre faux monnoyeur ;

» ledit Orland, qui s'appelait Roland de Latre changea de nom

» et de surnom, s'appelant Orland de Lassus, et aussi quitta le

» pays et s'en allat en Italie avec Ferdinand de Conzague, qui

» suivait le party du roy de Sicile. » — Le nombre des éditions de ses ouvrages, surpasse tout ce qu'on avait fait pour aucun musicien de ces temps déjà reculés.

XI

Vers le milieu du xvme siècle, les premières écoles destinées à l'enseignement public et régulier de l'art musical commencent à se montrer en Italie. Par la translation du Saint-Siége, de Rome à Avignon, l'éclat du chant religieux avait reçu une grave atteinte, non seulement à Rome, mais par suite, dans les autres villes de l'Italie, qui s'inspiraient naturellement au foyer commun, à l'éclat des cérémonies de la Cour pontificale. Le retour des Souverains-Pontifes dans la Ville éternelle eut donc la plus heureuse influence sur l'avenir musical, dans ces contrées que leur absence avait rendues languissantes. A la vérité, Grégoire XI, en transportant le siége apostolique à Rome, y ramena avec lui tout le personnel chantant de sa chapelle d'Avignon, personnel qui s'était recruté en partie dans le Midi de la France, et particulièrement à Toulouse. Disons en passant que depuis cette époque les voix du Midi n'ont pas dégénéré. Au grand festival donné à Nimes, en 1863, nous avons apprécié leurs belles qualités ; Avignon et Toulouse surtout se sont fait remarquer. Déjà l'orphéon avignonais, avait été l'objet d'une distinction toute particulière, lors du concours de tous les orphéons de France à Paris; il avait été mis hors de concours, tant sa supériorité était grande sur celle de ses nombreux concurrents.

L'ancienne école des chantres, qui était demeurée en Italie, pendant l'absence des successeurs de saint Pierre, n'avait point cependant cessé d'exister, aussi l'arrivée de cette nouvelle chapelle amenait une vraie difficulté ; difficulté qui consistait à trouver le moyen d'utiliser les chantres romains et les chantres français, et de concilier toutes les positions et surtout les prétentions respectives qui n'allaient pas tarder à se montrer. De plus, les chanteurs de l'ancienne chapelle, fidèles aux traditions de saint Grégoire pour l'exécution du chant, malgré la perturbation inévitable qu'ils avaient dû éprouver par l'effet des temps, devaient naturellement se montrer hostiles à la manière qu'apportaient les nouveaux venus, tandis que ceux-ci étaient amenés à défendre, à faire prévaloir un système qui avait déjà reçu une sanction éclatante ; c'est ce qui eut lieu. Il y eut alors deux doctrines, deux méthodes en présence, qui furent défendues l'une et l'autre avec un égal acharnement. L'intervention du Souverain-Pontife vint aplanir toutes les difficultés en opérant une fusion entre ces divers éléments.

Aussitôt après la clôture du Concile de Trente (décembre 1563), qui s'était occupé de la réforme du chant dans les églises, le pape Paul IV, prit ses mesures pour arriver à l'exécution des divers décrets donnés par cette assemblée. A cet effet, Sa Sainteté chargea les cardinaux Vitelozzi et Borromée de s'en occuper particulièrement. Ces hauts dignitaires de l'Eglise, reconnaissant l'importance de la réforme musicale qu'il s'agissait de réaliser, crurent devoir s'adjoindre, pour éclairer cette question, une commission spéciale composée de huit artistes, lesquels furent pris généralement parmi les chapelains-chantres. Cette commission commença immédiatement ses travaux. Dès la première réunion il fut décidé :

1° Qu'on ne chanterait plus à l'avenir les messes et motets où des paroles différentes étaient mêlées ;

2° Que les messes composées sur des thèmes de chansons profanes seraient bannies à jamais du saint lieu.

Ces décisions, approuvées par le Saint-Père, furent portées à la connaissance du clergé et reçurent leur application, surtout dans les églises de Rome et de l'Italie ; mais dans les autres contrées du monde chrétien, en France plus particulièrement, ces réformes salutaires marchèrent avec beaucoup plus de lenteur, et l'on vit que ceux qui avaient le plus contribué à l'abus furent les plus opiniâtres à le continuer.

Mais pour résoudre la difficulté du moment, il ne suffisait pas seulement d'empêcher d'introduire dans le lieu saint tous ces chants anti-religieux, il fallait ramener la musique sacrée à son état normal, à son vrai caractère, et tout en lui conservant les éléments du progrès harmonique qui avaient été produits par les deux siècles précédents, les appliquer néanmoins d'une manière rationnelle, et surtout dans des conditions dignes du chant liturgique et du culte auquel ils étaient destinés. Les Cardinaux délégués par le Saint-Père, émus du mauvais effet des compositions qu'ils avaient continuellement entendues, insistèrent aussi très-fortement pour que le travail harmonique appliqué aux textes liturgiques n'étouffât pas le chant primitif, désormais seule base dont on ne devait plus s'écarter, et qui devait, dans tous les cas, demeurer parfaitement intelligible pour l'auditoire. Les Commissaires-chapelains, tout en reconnaissant la justesse de cette remarque, objectèrent à leur tour que ce que demandaient les augustes Prélats pouvait s'obtenir sans peine dans des compositions de peu d'étendue, mais qu'il n'en était pas de même pour les œuvres à larges proportions, comme les messes, psaumes, grands motets, etc.

La conscience éclairée des Cardinaux ne pouvait se rendre aux objections faites par MM. les Chapelains ; dès lors on prit une résolution énergique : c'est qu'on proposerait à Palestrina, maître de chapelle à Rome, de composer une messe dans laquelle la grandeur, la dignité, la majesté du service divin seraient conciliés avec l'exigence de l'art, que de cette épreuve solennelle il résulterait ou la conservation de la musique dans l'Eglise, si l'œuvre remplissait toutes les conditions de haute convenance, ou son entière exclusion, dans le cas contraire.

Cette importante décision ayant été notifiée à Palestrina, celui-ci sentit toute la gravité de la situation et l'immense danger qui menaçait l'art religieux; cet art à qui il avait voué un culte profond. Sans s'effrayer de l'énorme responsabilité qui allait peser sur lui, sans s'émouvoir du compte sévère que la postérité demanderait à sa mémoire, s'il échouait dans cette rude entreprise, il se chargea courageusement, disons plus, avec cette confiance que Dieu a mise au cœur de ses prédestinés, de la haute mission qu'on lui confiait.

Une seule messe était demandée, il en composa trois. Ces ouvrages terminés, on prit jour pour l'audition chez le Cardinal Vitelozzi. Pourrait-on jouir encore des effets ravissants de l'art épuré, ou bien serait-on condamné à n'entendre désormais qu'un simple faux-bourdon? Telles étaient les questions que chacun s'adressait intérieurement. Enfin on exécute les trois messes; les deux premières sont trouvées belles et causent une sensation profonde; mais la troisième excite l'admiration. L'enthousiasme éclate, tout l'auditoire est subjugué, entraîné; le jugement ne peut être douteux : la musique triomphe !

Voici comment M. Fétis parle de cette œuvre immortelle: « Peu de monuments historiques de l'art présentent autant d'intérêt pour l'étude que cette messe, dite du pape Marcel, car elle marque une de ces époques où le génie, franchissant les barrières dont l'entoure l'esprit de son temps, s'ouvre tout-à-coup une carrière inconnue et la parcourt à pas de géant. Faire une messe entière, à l'époque où vécut Pierluigi de Palestrina, sans y faire figurer les imitations et le contre-point fugué, n'aurait été qu'une entreprise imprudente, parce qu'elle aurait porté une trop rude atteinte à ce qui composait le mérite principal des musiciens de ce temps ; d'ailleurs, Palestrina lui-même, élevé dans une sorte de respect pour les beautés de ce genre, n'y devait pas être insensible. Ne nous étonnons donc pas de retrouver dans la messe du pape Marcel le contre-point fugué et d'imitation, nonobstant les obstacles dont ces choses devaient compliquer le problème qu'il avait à résoudre. Mais la manière dont il a triomphé de ces difficultés, la faculté d'invention qu'il y a déployée, au moins égale à l'habileté dans l'art d'écrire, sont précisément ce qui doit nous frapper d'admiration lorsque nous nous livrons à l'étude de cette production. C'est une chose merveilleuse que de voir comment l'illustre compositeur a su donner à son ouvrage un caractère de douceur angélique par des traits d'harmonie large et simple, mis en opposition avec des entrées fuguées, riches d'artifices, et donnant par là naissance à une variété de style auparavant inconnue. Ces entrées fuguées, la plupart courtes et renfermées dans un petit nombre de notes, sont disposées de telle sorte que les paroles peuvent être toujours facilement entendues. A l'égard de la facture, de la pureté de l'harmonie, de l'art de faire chanter toutes les parties d'une manière simple et naturelle, dans le *medium* de chaque genre de voix, et de faire mouvoir six parties avec toutes les combinaisons des compositions scientifiques, dans l'étroit espace de deux octaves et demie ; tout cela, dis-je, est au-dessus de nos éloges ; c'est le plus grand effort du talent ; c'est le désespoir de quiconque a étudié sérieusement le mécanisme et les difficultés de l'art d'écrire. »

Dès le moment de l'audition de ce prodigieux chef-d'œuvre, il fut décidé que la musique serait conservée, non seulement dans la chapelle pontificale, mais encore dans toutes les églises du

culte catholique, et que les messes de Palestrina deviendraient
les modèles des compositions qui y seraient désormais admises.
Au service immense qu'il venait de rendre à la musique religieuse,
le pape Grégoire XIII lui demanda d'en ajouter encore un nouveau : celui de réviser tous les chants du *Graduel* et de *l'Antiphonaire*. La mort vint le surprendre pendant qu'il accomplissait
cette grande œuvre. Dans ce moment suprême il fait approcher
son fils près de son lit. « Mon fils, lui dit-il, je vous laisse un
grand nombre d'ouvrages inédits ; grâce au père abbé de Baume,
au cardinal Aldobrandini et au grand-duc de Toscane, je vous
laisse aussi ce qui est nécessaire pour les faire imprimer ; je
vous recommande que cela se fasse au plus tôt pour la gloire du
Tout-Puissant et pour la célébration de son culte dans les saints
temples. » Ce digne et illustre artiste expira le 2 février 1594 ;
il fut inhumé dans la chapelle du Vatican, et l'inscription suivante
fut gravée sur son tombeau :

JOANNES PETRVS ALOYSIVS PALESTRINA

MVSICÆ PRINCEPS.

Les œuvres de ce prince de la musique sont très-nombreuses ;
bien des éditions ont été épuisées, cependant beaucoup de motets, de madrigaux et d'autres morceaux tirés des œuvres de Palestrina ont été insérés dans les recueils de divers auteurs, publiés dans la seconde moitié du xvime siècle et au commencement
du xviime. Les PP. Martini et Paolucci ont aussi publié divers
fragments de ce maître, dans leurs traités pratiques du contre-
point ; la plupart de ces exemples ont été reproduits par Choron
dans ses *Principes de composition des écoles d'Italie* [1], et
le *Stabat* à deux chœurs a été aussi publié la même année par

_____

[1] Paris 1808.

ce savant ; déjà ce *Stabat* avait été mis au jour à Londres, par Burney, avec les *Improperii* et les *Miserere* de Baini et d'Allegri. Dans ces derniers temps, MM. Breitkop et Hærtel ont donné une nouvelle édition de ce recueil, sous ce titre : *Musica sacra quæ cantatur quotannis, per hebdomadam sanctam Romæ in sacello pontificio*. La bibliothèque du Conservatoire de Paris possède dans la collection connue sous le nom d'*Eler*, trente-sept motets en partition de Palestrina ; le Conservatoire de Bruxelles possède les partitions des trois premiers livres de motets à cinq, six et huit voix ; M. l'abbé Santini à Rome, possède aussi toutes les messes et beaucoup d'autres compositions de ce grand homme ; enfin l'abbé Baini prépare en ce moment une édition complète de toutes ses œuvres en partition. Il serait bien à désirer que ce travail se publia prochainement. Les œuvres de Palestrina, naguère presque inconnues en France, tendent maintenant à s'y répandre, espérons que le goût des études historiques de l'art, les rendra bientôt aussi populaires qu'elles le sont en Italie.

XII

Plusieurs autres compositeurs de la fin du xvie siècle, formés à la même école, ayant puisé aux mêmes sources, nourris surtout des exemples salutaires que leur offraient les compositions de Palestrina, vinrent continuer, dans la mesure de leurs forces, l'œuvre morale et artistique dont l'Eglise recueillait déjà les fruits. Parmi ceux-ci le nom d'Allegri a fait aussi époque dans les annales du chant religieux. Ses compositions furent fort remarquables; l'on cite en première ligne un *Miserere* incomparable. Si l'on veut analyser ce morceau, on n'y remarquera ni traits saillants de mélodie, ni harmonie piquante et nouvelle, ni effets inconnus au temps où vivait l'auteur ; mais une teinte de tristesse profonde répandue sur tout l'ouvrage, une excellente ordonnance des voix et le rythme bien cadencé des paroles, n'en font pas moins un des morceaux les plus originaux de l'époque où il parut, et celui peut-être qui, malgré son apparente simplicité, renferme le plus de difficultés pour l'exécution. Au concert, dans un salon, la plupart de ces beautés passent inaperçues ; mais à l'église et surtout au Vatican, ce n'est pas sans émotion qu'elles peuvent être entendues. Rome se montrait fort jalouse de cet admirable morceau, et défense expresse était donnée d'en délivrer copie ; le célèbre Mozart, à la deuxième audition, l'avait transcrit. Il fut édité à Londres, en 1771, par les soins du docteur Burney.

M. l'abbé Vessières, directeur de la maîtrise, dont la création remonte aux premières années de l'épiscopat de Mgr Plantier, cette sentinelle vigilante du grand Pie IX, a voulu, dans son zèle éclairé, faire exécuter les chefs-d'œuvre de Palestrina et d'Allegri ; la tâche était rude, il s'agissait d'interpréter des compositions appartenant à l'histoire de l'art, mais un travail intelligent a surmonté les difficultés. Nous avons gardé un religieux souvenir de l'impression produite par cette musique qui ne ressemble aucunement à celle qu'on désigne aujourd'hui sous la dénomination de musique dramatique ; si cette dernière a pour domaine le théâtre, la première, par ses allures magistrales, appartient exclusivement à l'Eglise.

L'orgue est déjà un instrument considérable, par la variété de ses jeux, la forte alimentation de la soufflerie, les dimensions et la décoration de son buffet. Les contrapontistes ou compositeurs de musique religieuse et ceux qui veulent s'affranchir de toutes entraves trouveront en en lui, les premiers, un auxiliaire puissant, les autres un complice qui, bientôt séducteur à son tour, usurpera d'une manière sensible, une place de plus en plus considérable dans les offices divins.

C'est en 1600 que finit la musique du moyen-âge, c'est-à-dire la musique basée sur l'ancienne tonalité ; et aux yeux d'un grand nombre de puristes, là finit aussi l'ère de la musique vraiment religieuse, abstraction faite du plain-chant qui est destiné à traverser les siècles avec la religion divine dont il est le reflet.

MONTEVERDE, prêtre et maître de la chapelle ducale à Saint-Marc, est l'inventeur de la tonalité moderne, qui n'est autre que la transformation complète de la musique ; ce qu'il y a de singulier, c'est qu'il ne se soit pas aperçu de la portée de ses innovations, car dans une épître placée à la tête d'un de ses ouvrages édité à Venise, sa résidence en 1607, il n'aborde pas la grande question des transformations de l'harmonie et de la tonalité, et ne paraît pas se douter de l'importance de ce qu'il a fait ; cependant mettant de côté les principes de musique adoptés par l'Eglise, il s'aventure le premier dans des tonalités nouvelles, il procède par demi-tons, ce qui constitue la gamme chromatique, et mettant de côté les 4 modes authentiques et les 4 modes plagaux, il ramène la musique aux deux modes majeurs et mineurs, pouvant se produire dans tous les tons de l'échelle musicale. Dès ce moment une richesse inouïe, une variété immense de couleur et de sonorité fut à la disposition des compositeurs modernes, qui se précipitèrent en foule dans cette nouvelle et vaste voie. Nommons Certi, qui doué d'un génie pathétique, se distingua par la douceur, par l'expression de ses airs, et Cavalli, qui doué d'un naturel énergique, enthousiaste, s'attachait plus particulièrement à l'effet des rythmes bien tranchés, et à faire ressortir surtout les accents mélodiques. Il remplaça Monteverde dans ses hautes fonctions de maître de la chapelle ducale, à Venise.

Le cardinal Mazarin, à l'occasion du mariage de Louis XIV, appela Cavalli à Paris, où il donna une représentation de son opéra *Xerxes*, le 22 novembre 1660, dans la haute galerie du Louvre ; mais cet ouvrage n'eut pas de succès, soit que la langue italienne ne fût connue que de peu de personnes, soit que l'éducation musicale ne fût pas assez formée à la Cour pour goûter les beautés de cette composition. Si l'on était curieux de connaître les ressources instrumentales de l'orchestre pour cette fête royale, en voici l'inventaire : *les violes* de toute espèce, *le clavecin, la guitare, le théorbe* (espèce de luth) et *la harpe;* l'orgue y tenait lieu d'instruments à vents. Malgré le peu de succès de cet opéra, l'élan était donné; désormais la musique lyrique sera la seule souveraine; son domaine s'étendra même sur l'Eglise.

La chapelle de Louis XIV, exigeait un personnel considérable. Tous les jours soixante chanteurs exécutaient en musique messe et vêpres ; les voix étaient réparties ainsi qu'il suit : 12 dessus, 12 hautes-contres, 12 tailles (ténors), 12 concordants (basses chantantes ou barytons), et 12 basses-contres (basses-tailles). Le célèbre abbé Henri Dumont, remplit pendant 50 ans les fonctions de maître de chapelle ; il composa plusieurs messes d'un très-beau style, (trois se trouvent dans le Graduel de Rennes,

adopté en 1855 par le diocèse de Nimes); néanmoins l'influence
de la tonalité moderne s'y fait sentir. Voici l'appréciation de M.
Stephen Morelot; ce profond critique dit au sujet de la *Messe
royale :* « L'influence de la tonalité moderne qui s'y fait sentir,
» sans doute à l'insu de l'auteur, nous paraît être pour quelque
» chose dans l'admiration dont elle est l'objet. Dumont n'a pu
» secouer entièrement le joug de ses habitudes de musicien, en
» sorte que son inspiration s'est trouvée jetée comme par force
» dans un moule qu'il n'avait pas choisi. Il en est résulté que le
» public, habitué à la tonalité moderne, mais pénétré encore d'une
» sorte de respect traditionnel pour la majestueuse gravité du chant
» d'Eglise, a reporté avec empressement son admiration sur une
» œuvre qui conciliait assez bien ses goûts nouveaux et ses habi-
» tudes anciennes. Cette messe peut être placée sur les confins
» de deux époques de l'histoire de l'art. »

Le rusé florentin Baptiste Lulli, fut contemporain du respec-
table abbé Henri Dumont, et le remplaça dans ses fonctions; ce
dernier avait eu le courage de s'opposer aux désirs du roi, qui
voulait introduire sa bande de violons dans la chapelle: il préfé-
ra se démettre de sa charge, plutôt que de céder. Dans le diocèse
de Nimes, ainsi que dans une grande partie du Midi de la France,
l'on chante souvent une messe de Lulli, connue sous son prénom
de Baptiste, elle est inférieure à celles de son éminent prédé-
cesseur. La musique religieuse qu'il a composée a été éditée chez
Ballard, 1654, in-4°, Paris. Dans ce recueil se trouve un *Miserere*
et un *Libera,* faits à l'occasion de la mort du chancelier Séguier.
Or voici ce qu'en dit Mme de Sévigné, dans une lettre du 6 mai
1672 : « Ma fille, il faut que je vous conte ; c'est une radoterie
» que je ne puis éviter. Je fus hier à un service de M. le Chance-
» lier (Séguier), à l'oratoire ; ce sont les peintres, les sculpteurs,
» les musiciens et les orateurs qui en ont fait la dépense ; en un

» mot, les quatre arts libéraux; c'était la plus belle décoration
» qu'on puisse imaginer ; le Brun avait fait le dessin.......
» Pour la musique, c'est une chose qu'on ne peut expliquer; Bap-
» tiste avait fait un dernier effort de toute la musique du roi, ce
» beau *Miserere* y était encore augmenté, il y eut un *Libera* où
» tous les yeux étaient pleins de larmes ; je ne crois pas qu'il y
» ait une autre musique dans le Ciel. » L'admiration ne saurait
se lasser devant le style épistolaire de Mme de Sévigné, mais comme
critique, le public n'a pas sanctionné ses éloges pour Lulli, pas
plus que ses dédains pour notre immortel Racine.

XIII

L E nom de M. Stephen Morelot, cité déjà deux fois, a droit à
une courte notice biographique : pendant plusieurs années il
a résidé au milieu de nous. Natif de Dijon, où son père, savant
jurisconsulte, a rempli les fonctions de doyen de la faculté de
droit, M. Stephen Morelot, devenu avocat, se rendit à Paris
pour travailler comme élève à l'école des Chartes ; son nom a
jeté un certain éclat sur ce nouvel établissement. Dans sa jeunesse, il avait appris la musique, dont il fit plus tard une application au chant ecclésiastique, ainsi qu'aux diverses parties de
l'art qui s'y rapportent. Lié d'amitié avec M. Danjou, il fut
son collaborateur dans la mission que lui avait confiée M. de
Salvandy, alors ministre de l'instruction publique, d'aller faire
des recherches dans toute l'Italie sur la musique religieuse. C'est
ainsi qu'il explora les bibliothèques de Rome, de Florence, de
Ferrare, de Venise, du Mont-Cassin, de Milan et autres villes
ou couvents riches en manuscrits. Cet immense travail terminé,

il retourne à Paris, où il est nommé membre de la commission des arts et des édifices religieux au ministère des cultes. Plus tard, la Ville éternelle l'attire de nouveau; cette fois il se livre à des études théologiques; il fut ordonné prêtre en 1858, et reçu bachelier en droit canonique. Dans la même année, il fut agrégé à l'Académie et Congrégation pontificale de Sainte-Cécile, en qualité de maître honoraire de la classe des compositeurs. En 1861, il entreprend un voyage en Orient, séjourne dans plusieurs couvents, toujours dans le but de poursuivre ses études musicales. En ce moment, il habite dans le département du Jura, où il vient de fonder une maîtrise; ses petits élèves portent le costume religieux et sont astreints à certaines règles qui régissent les monastères.

Dans mes recherches, je trouve un passage de Jean de Bordenave, chanoine de Hascar, en Béarn, publié en 1643, qui me semble convenir à M. l'abbé Stephen Morelot. « Les musiciens nous content par une tradition et commémoration verbale reçue de leurs maieurs, que sainct Grégoire-le-Grand est autheur, non seulement du plain-chant, mais aussi de la musique de l'Eglise, et qu'il a institué les enfans de chœur. Laquelle opinion revient à ce que Jean, diacre, note en sa vie et que lui-même escrit en ses espistres, qu'il avait fondé à Rome une eschole de chantres remplie de douces voix, et avait ordonné avec beaucoup de soin le chant ecclésiastique sur la fin du vme siècle. Depuis, les cardinaux, évesques et prélats en ont peu à peu fait autant en leurs églises, et on fait porter leur livrée aux enfans de chœur, les habillans chacun de sa couleur, en rouge ou violet, selon leur titre ou qualités, par-dessus lesquels ils mettent les blancs surplis, comme ornement commun à tous ordres du clergé; parures de diverses couleurs mystiques, qui rendent l'Eglise auguste, et symbolisent les vertus dont les chanoines et tous autres ecclésiastiques doivent être munis

» Mais c'est assez discouru de leurs couleurs et parures ; disons maintenant un mot de la discipline de ces enfans et de leur condition. On met ces enfans du chœur sous la main des maistres, pour les instruire et tenir en leur devoir. Où il faut être bien circonspect et empescher les abus qui se commettent d'ordinaire tant en l'établissement des précepteurs de la psalette, qu'en l'instruction des enfans. Car tous ne sont pas propres à tenir la maistrise et à conduire et gouverner un aage tendre et délicat. Les vices accompagnent les musiciens, de leur nature fantasques et capricieux, soit à cause de leurs quintes, soit à raison de leurs actions licencieuses et effrenées, pour la plupart, en telle sorte qu'ils assoment ces petits corps pour un pié de mouche, n'y ayant condition plus misérable et à regretter, qu'est celle d'un enfant du chœur, novice et apprentif. Mais il y a modération en toutes choses, et, partant, les intendans de la musique doivent donner la psalette à des maistres et précepteurs sages et retenus, qui manient doucement les enfans du chœur, leur apprennent qu'ils sont habillez de rouge, *ut ex pureo colore ad pudorem innitantur*, ainsi que Macrobe remarque, et qu'ils doivent marcher avec la modestie requise par ce grand législateur Lycurgue. Mais leur maistre est surtout obligé de les rendre parfaits, entiers et accomplis au fond de la musique où ils tiennent la plus haute et la plus délicate partie ; le principal est la musique et les saintes lettres puisqu'ils sont destinés à estre ecclésiastiques. Les enfans doivent apprendre quelque heure du jour à bien escrire, à estudier leur grammaire qui est le fondement des sciences. Cependant, l'abus est si grand que ces pauvres enfans ne considérant pas ce qu'ils doivent être, s'adonnent seulement à la musique, et sans prendre soin de vacquer à autre estude, ils se rendent du tout inhabiles, ignorans, et indignes des principaux offices de leur estat ; jusqu'à-là, qu'estant sortis de la psalette,

ils sont plus grands postes et coureurs de campagne que les ri-
bleurs de nuits. A quoy ceux qui ont charge du chant et de
l'office du chœur aux églises cathédrales et collegiales doivent
avoir esgard, et moderer cet exercice en telle sorte, que les enfans
qui s'y employent, eussent le temps et le moyen d'estre instruits,
non seulement en *la — sol — fa*, mais aussi en la doctrine qui
est nécessaire à ceux qui désirent se faire promouvoir aux ordres
sacrez. Estant chose inepte et ridicule de voir qu'entre tous ceux
qui s'y présentent, il n'y en a point de moins capables que les
chantres qui ont pris leur nourriture en ces églises, car, il ne
suffit pas d'estre musicien pour être ecclésiastique. »

Voilà donc l'abbé Stephen Morelot, avec sa vaste érudition,
qui se constitue directeur d'une modeste psalette ou maîtrise.
A la religion catholique seule il appartient de connaître tous les
genres de dévoûment. En 1851, il avait 50 ans, il vint passer
trois ans dans la maison de l'Assomption de Nimes, dirigée par
le R. P. d'Alzon, vicaire-général, celui dont M. Veuillot disait,
il y a quelques années, « qu'il avait un grand air de missionnaire,
» de gentilhomme et de soldat. » Les beaux exemples d'abnégation
et de dévoûment dont il était tous les jours témoin, n'ont-ils
pas heureusement réagi sur son organisation d'élite? N'ont-ils
pas déterminé le voyage de Rome ? Et enfin ne peut-on pas leur
attribuer sa décision d'entrer dans les ordres? Ces réflexions
nous les soumettons à nos lecteurs, surtout à ceux qui connais-
sent la règle et les hommes qui dirigent cette maison d'éducation, dont la cité a droit de se montrer fière. Pendant son séjour
à Nimes, Stephen Morelot a fait paraître des compositions du plus
grand mérite. Ses œuvres sont éditées ; la dernière a pour titre :
*Eléments d'harmonie appliqués à l'accompagnement du plain-
chant, d'après les traditions des anciennes écoles* [1].

[1] Paris, p. Lethielleux, 1861.

Quelques années après, cette même maison de l'Assomption comptait parmi ses savants professeurs, M. l'abbé Raillard; l'Académie des sciences de l'Institut de France a accueilli avec faveur plusieurs de ses mémoires sur des sujets de physique et d'astronomie, dont les résumés ont été publiés dans le *Cosmos*. Mais il s'est fait surtout remarquer par ses recherches sur la musique ancienne. Voici les appréciations de M. Vitet, de l'Académie, sur ce travail: « Offrir aux érudits des notions neuves, des conjectures heureuses sur un problème aussi obscur que celui de l'écriture neumatique, ce n'est pas chose à dédaigner. Dans cette œuvre de patience, M. l'abbé Raillard a bien payé sa part; aussi, sans partager toutes ses espérances, nous demandons qu'il soit rendu justice à son zèle et à ses travaux. » Ses ouvrages ont été publiés à Paris, chez deux éditeurs, M. R. Repos et Périsse frères, en 1861.

XIV

La découverte de l'*Antiphonaire* de Montpellier par M. Danjou, eut pour résultat la révision et la restauration du chant dans plusieurs diocèses; la commission instituée par les archevêques de Reims et de Cambrai fut la première à donner une édition du chant grégorien; mais les résultats n'ont pas été satisfaisants. L'on s'est contenté de reproduire autant que cela a été possible, le manuscrit de Montpellier; les longueurs y sont bien nombreuses. Cette édition remo-cambraisienne offre en outre quatorze modes, au lieu de huit. Nous nous sommes déjà expliqué à cet égard.

Les éditeurs de *Digne* n'ont pas la prétention d'avoir publié le chant grégorien. Le chant romain, disent-ils, n'est pas tout à fait semblable au chant grégorien, mais les différences qu'on y remarque, consistent surtout en des abréviations qui ont été ordonnées par l'autorité ecclésiastique elle-même, après le Concile de Trente, dès l'année 1564, dans les passages où les mélodies anciennes ont été reconnues par trop longues ou par trop surchargées de notes et de répétitions. C'est donc d'après le chant romain ainsi expliqué, que l'*Antiphonaire de Digne* a été publié.

Dans le diocèse de Malines, 1854, c'est une révision qui paraît avoir été plutôt faite dans le but d'abréger le chant que de le ramener à la rigueur de ses principes théoriques; le *Credo* se chante invariablement sur le même mode, (c'est celui de nos dimanches ordinaires). Ce système compte des partisans éclairés.

Soumettre à une révision complète l'édition de Dijon, 1850, en lui conservant le caractère de simplicité qui la distingue, ce serait la faire servir d'intermédiaire des versions de Malines et de Rennes.

Le diocèse de Nimes, limitrophe de celui de Montpellier, ne pouvait rester indifférent aux réformes qui se produisaient dans le chant religieux; il adopta celui de Rennes qui n'a pas été remanié, et pour lequel l'abbé Henri Dumont disait : *Antiphonarium et graduale... Vere substantiam cantus gregoriani decenter ac rite modulatam omnino continere.* Sans être un admirateur passionné de cette édition, je la crois supérieure à toutes celles que je viens de citer. Qu'il me soit permis de remercier publiquement le R. P. d'Alzon de son extrême obligeance à mettre, en 1855, ces diverses éditions à ma disposition; cette étude comparative m'a beaucoup intéressé. Ceux qui voudraient juger par eux-mêmes trouveront dans la maison de l'Assomption ces mêmes éditions et toujours la même affabilité. *L'histoire générale de la musique religieuse,* par Félix Clément, est un guide précieux, pour les personnes qui voudraient s'aventurer dans cette étude spéciale.

Le Graduel et Vespéral romain, adopté par le diocèse de Nimes, est le dernier acte de l'épiscopat de Mgr Cart. Dans cette grave détermination, ce pieux Évêque, a voulu non seulement s'entourer des lumières des hommes les plus compétents, mais encore il a laissé prendre l'initiative à plusieurs de ces éminents collègues, afin de pouvoir s'éclairer de leur expérience. Ce mode de procéder ne saurait étonner ceux qui ont eu le bonheur de connaître ce vénéré Prélat, dont le zèle apostolique pour le bien de l'Eglise ne pouvait être égalé que par la sagesse qui présidait à tous ses actes.

L'opinion générale est, que le chant grégorien est plus conforme à l'esprit de l'Eglise que la musique du siècle, quelle que soit la prétention de celle-ci à un caractère religieux. Nous avons cité de nombreux témoignages, empruntés aux différentes époques du moyen-âge. Ceux qui appartiennent aux temps modernes ne sont ni moins nombreux, ni moins explicites. En 1779, Benoît XIV déclare, dans la bulle *Annus qui, etc.*, que le chant grégorien est préféré avec raison, par les pieux fidèles, à celui qu'on appelle musical; tel a été aussi l'avis de Grégoire XVI, et tel est incontestablement celui de Sa Sainteté Pie IX, qui n'a cessé d'encourager et de bénir les efforts des personnes vouées à la restauration du plain-chant, ainsi que l'atteste, entre autres documents, le bref adressé en 1856, à Mgr Parisis.

A cette même époque, une transformation complète s'opérait dans le plain-chant à la Cathédrale de Nimes; une maîtrise était créée ; tous les dimanches les offices étaient chantés en faux-bourdon; l'impression de ces majestueux accords exécutés avec art fut immense. Mgr Plantier, de son souffle religieux et poétique, venait de donner une nouvelle vie au chant grégorien.

Les cérémonies se firent aussi avec toute la pompe que comporte le culte catholique. Voici comment ce savant Prélat comprend la musique : « Cette forme la plus exquise du langage hu-
» main........, cette poésie des sens que Dieu a créée afin de la
» chanter, comme il n'a créé la poésie, cette musique de l'âme, que
» pour le glorifier dans un noble langage. » Monseigneur est exempt de préventions, s'il aime, s'il encourage le plain-chant, ce n'est nullement au détriment de toute autre espèce de musique : « Nous ne sommes partisan, dans notre humble philoso-
» phie, ni de ces préférences, ni de ces exclusions absolues; c'est
» notre conviction que tous les pays et tous les âges peuvent avoir
» de la grande musique, et quand nous rencontrons des compo-
» sitions qui nous paraissent en porter les caractères, nous leur
» ouvrons à deux mains les barrières de notre répertoire, quels
» qu'aient été d'ailleurs le jour et le lieu de leur naissance. »

C'est pour se conformer à ses justes observations que la maîtrise, sous la direction de son habile chef, M. l'abbé Vessières, passe en revue, les jours de fêtes, sans distinction de pays, les grands maîtres des XVIIme, XVIIIme et XIXme siècles. Tous les dimanches, indépendamment des faux-bourdons, des chants solennels ont lieu pendant le *Salut*, et le public finit par s'initier à ce magnifique langage ; même dans certains morceaux, il vient mêler sa grande voix à celle du chœur; rien d'imposant et de majestueux comme cet immense concert de louanges. L'élan est donné, toutes les paroisses de la ville s'appliquent à marcher sur les traces de la Cathédrale, tous les offices sont chantés en faux-bourdon; cette innovation tout à fait dans l'esprit de l'Eglise est des plus heureuses.

Les artistes passent pour avoir l'épiderme sensible, le moindre reproche les blesse, cependant sous ce rapport, nous croyons que les chantres du lutrin leur sont supérieurs. Je désire con-

clure par quelques observations relatives au plain-chant à l'unisson ; il me semble déjà voir le sourire de plusieurs d'entre eux,
se demandant à quel titre je prends cette liberté. Cependant,
faut-il admettre que les chantres aient atteint l'apogée de l'art?
N'ont-ils pas quelques reproches à se faire? Quelques-uns ne
pourraient-ils pas accepter les avis suivants? « Le chant doit
être plein de gravité, exempt également de molesse et de dureté,
suave sans être frivole ; il doit charmer les oreilles pour toucher
les cœurs, il doit dissiper la tristesse et calmer la colère, et au
lieu d'abandonner le sens de la lettre, il doit le féconder ; car la
grâce spirituelle perd singulièrement de sa force, lorsque distrait
par la frivolité du chant, on ne sent plus la salutaire influence
du texte et lorsqu'on s'applique plutôt à moduler des sons qu'à
faire pénétrer les choses elles-mêmes............ Il y a des
hommes pour qui la voix est une cause de dépravation ; ils sont
fiers des inflexions qu'ils produisent ; non seulement ils se ré-
jouissent de ce don de la grâce, mais ils méprisent dédaigneu-
sement les autres. Enflés d'orgueil, ils chantent autre chose que
ce qui est noté sur le livre, tant est grande la légèreté de leur
voix, et peut-être celle de leur esprit. Ils chantent pour plaire à
la foule plutôt qu'à Dieu. Si vous ne chantez que pour obtenir
des louanges, vous trafiquez de votre voix ; elle cesse de vous
appartenir, vous l'avez aliénée. Vous êtes maîtres de votre voix ;
soyez-le aussi de votre esprit ; vous maîtrisez votre voix, domptez
donc votre volonté. L'harmonie que vous observez dans vos chants,
montrez-la dans vos mœurs. Prenez garde qu'en vous complaisant
dans l'étendue de votre voix, vous ne vous complaisiez orgueilleu-
sement dans votre esprit......

» Ne pas trop traîner la psalmodie ; chantez rondement et
d'une voix expressive ; commencez le verset ensemble et terminez-
le en même temps ; que personne n'insiste sur une note, mais

qu'il la quitte aussitôt que le besoin l'exige; faites une pause rai-
sonnable après le verset; que personne ne commence avant les
autres et ne s'arroge le droit d'aller trop vite, de traîner les neumes ou de faire une tenue après les autres; chantez ensemble;
arrêtez-vous ensemble, en vous écoutant toujours les uns les
autres........ Nous vous avertissons donc, très-chers frères,
afin que vous soyez toujours en présence du Seigneur; avec autant d'allégresse que de respect, sans paresse, sans nonchalance
et sans hésitation. Ne soyez pas économes de votre voix; ne
coupez pas les syllabes; ne passez pas des mots entiers; que
votre voix ne soit ni saccadée ni trop basse; qu'elle n'offre pas
un timbre nasal comme celui des femmes ; faites retentir les paroles de l'Esprit-Saint avec une expression toute virile ; car il
convient à des hommes de chanter d'une voix mâle et de ne pas
imiter la longueur des chants du théâtre par des sons aigus et
factices, comme font les femmes. C'est pour cela que nous ordon-
nons d'observer une juste mesure dans le chant, afin qu'il soit
toujours grave, sans cesser de respirer la piété. » Tels sont les
statuts de Cîteaux donnés par saint Bernard, en l'année 1115. Ils
n'ont rien perdu de leur actualité.

Dans cette modeste et courte esquisse historique du plain-chant,
bien des documents précieux ont été omis ; si nous n'avons fait
qu'effleurer ce vaste et magnifique sujet, c'est que nous reconnaissons notre insuffisance à le traiter convenablement; notre plus
grand désir serait qu'une plume plus autorisée que la nôtre,
entreprît cette grande tâche; si ces quelques pages pouvaient en
donner l'idée, notre but serait atteint.